ADAUTO FELISÁRIO MUNHOZ

Vida de São Cosme e São Damião

Orações, ladainha e novena

EDITORA
SANTUÁRIO

Dados Internacionais de Catalogação na Publicação (CIP) de acordo com ISBD

M966v Munhoz, Adauto Felisário

Vida de São Cosme e São Damião: orações, ladainha e novena / Adauto Felisário Munhoz. - Aparecida : Editora Santuário, 2024.
128 p. ; 14cm x 21cm.

ISBN: 978-65-5527-421-9

1. Religião. 2. Cristianismo. 3. Orações. 4. Vida de Santo. 5. Mártire. 6. Novena. 7. Igreja. I. Título.

CDD 240
2024-1215 CDU 24

Elaborado por Vagner Rodolfo da Silva - CRB-8/9410

Índice para catálogo sistemático:
1. Religião : Cristianismo 240
2. Religião : Cristianismo 24

1ª impressão

Rua Pe. Claro Monteiro, 342 – 12570-045 - Aparecida-SP
Tel.: 12 3104-2000 – Televendas: 0800 - 016 00 04
www.editorasantuario.com.br
vendas@editorasantuario.com.br

APRESENTAÇÃO

É incontestável a popularidade de São Cosme e São Damião, em nosso país, desde os tempos do Brasil colônia. Devoção trazida pelos portugueses, que nos legaram a fé católica e também a devoção a vários santos, muito venerados em Portugal.

A tradição afirma que os dois irmãos gêmeos eram médicos, por isso são considerados patronos dos profissionais da medicina. Os relatos obtidos na época atestam a veracidade desse fato. Inclusive, as imagens dos dois santos, além da palma, que os identificam como mártires, trazem em uma das mãos um pequeno recipiente e dentro alguns instrumentos cirúrgicos. Milagres de curas obtidas, mediante a intercessão de São Cosme e São Damião, confirmam a existência de ambos.

São Cosme e São Damião eram árabes e viveram, nos primeiros séculos do Cristianismo, tempos difíceis, quando o Império Romano dominava quase toda a

Europa e parte do Oriente. Essa dominação era perversa, porque impunha costumes próprios da cultura pagã dos romanos daquela época, principalmente, a religião mitológica, politeísta e idolátrica.

Os preciosos relatos que temos sobre os dois santos gêmeos devemos ao religioso dominicano Frei Jacobus de Voragine, OP, depois arcebispo de Gênova (*1230 /†1298). Ele nos legou tudo o que conhecemos hoje sobre São Cosme e São Damião. Certamente, foi devoto e deve ter se empenhado em pesquisas para obter informações sobre ambos.

A festa litúrgica de São Cosme e São Damião acontece no dia 27 de setembro de cada ano. No Brasil, esse dia não passa sem ser comemorado. Em todas as partes de nosso país, as celebrações religiosas são grandiosas e há o costume de se oferecerem balas e doces às crianças, em honra dos dois santos. Também, nas capelas das zonas rurais e nas casas dos devotos, sempre se encontra um quadro com as imagens de São Cosme e São Damião. Por todos os recantos do Brasil, existem capelas e paróquias em honra deles.

São Cosme e São Damião são dois santos da Igreja católica, mártires, que testemunharam sua fé em Jesus Cristo com a própria vida. Hoje, são nossos intercessores no céu. Sem nenhuma comprovação, uma lenda antiga menciona que Cosme e Damião seriam trigêmeos, tendo um terceiro irmão, cujo nome seria Doum e que teria falecido ainda bem pequeno. Ele é considerado protetor das crianças até os sete anos. Doum pode também simbolizar todas as crianças protegidas por Cosme e Damião.

Patronos dos médicos e protetores das crianças, São Cosme e São Damião representam a missão da fé, da bondade e da caridade. Toda biografia de um santo deve trazer em si exemplos de vida e santidade. Com o testemunho de vida, o biografado tem a incumbência de inserir em quem ler o livro um pouco de sua própria santidade, sempre mostrando que para ser santo não é tão difícil, basta amar a Jesus Cristo verdadeiramente e seguir seus exemplos evangélicos. Foi assim que todos os santos fizeram e galgaram o grande caminho da perfeição. Tornar-se santo é uma ambição que cada cristão deve ter como paradigma de vida.

Os santos são nossos amigos, nossos irmãos, que já nos precederam na casa do Pai Eterno. Ter um santo como amigo é ter um protetor e um intercessor no céu. Trata-se de um elo de amizade entre o humano e o divino. É a certeza de ter um amigo ou uma amiga para todos os momentos, felizes ou difíceis, que jamais falha conosco quando pedimos ajuda.

O autor

I

História de São Cosme e São Damião

A ORIGEM

São Cosme e São Damião nasceram no século III, em torno do ano 260. De origem árabe, eram os caçulas entre cinco irmãos, sendo eles: Antino, Leôncio, Euprépio e Cosme e Damião, que eram gêmeos. Nasceram na Ásia Menor, na cidade de Egeia, hoje Ayas, no Golfo de Iskenderun na Cilícia (provavelmente, foi São João Apóstolo quem levou o cristianismo para essa região, pois ele viveu um bom tempo nessas adjacências). Após o nascimento dos gêmeos, o pai de ambos morreu mártir, em consequência da perseguição aos cristãos, na época do imperador Diocleciano. Teodora, então viúva e mãe de cinco filhos, teve de enfrentar grandes dificuldades para criar e sustentar a família.

Camponeses que eram, todo o sustento dos filhos vinha do plantar e colher e da criação dos animais que possuíam. Os filhos já mais crescidos se empenhavam em ajudar a mãe nas tarefas de provisão. E assim nunca lhes faltou nada para comer, graças ao empenho de todos.

Teodora, a matriarca da família, segundo a tradição, era uma mulher muito virtuosa e uma fervorosa cristã. E foi na fé católica que criou e instruiu os filhos dentro dos princípios do Evangelho. Esforçou-se de todas as formas para dar uma boa formação cultural para eles. Em relação aos três primeiros filhos, não temos informação sobre qual carreira seguiram. Nosso foco aqui são os gêmeos Cosme e Damião, que optaram por estudar medicina, com a finalidade de ajudar os pobres e necessitados.

Cosme e Damião viveram em uma época difícil, os romanos haviam conquistado muitas nações; sob o domínio do imperador de Roma, muitas coisas ruins aconteceram, pois o imperador, além de impor seus costumes e sua cultura para o povo, queria também impor sua ideologia religiosa. Os romanos adoravam "deuses mitológicos" e não era só um, eram muitos. Cada deus representava determinada função, tinha até o "deus do vinho" e de outras coisas absurdas. Eram *politeístas*, isto é, adoravam vários deuses. Ao contrário dos judeus e dos cristãos, que adoravam um único Deus. Por isso os cristãos eram chamados de "monoteístas".

A imposição dos romanos ao povo conquistado, obrigando as pessoas a adorarem e queimarem incenso a seus falsos deuses, tornou-se um problema para os cristãos, que eram perseguidos e mortos por recusarem realizar tais práticas. Assim, foi nesse contexto que Teodora e seus cinco filhos tiveram de viver, enfrentando essa perseguição.

VIDA FAMILIAR

Se a vida nos países dominados pelos romanos era difícil, no aconchego do lar as famílias cristãs podiam ter um pouco de paz e viver suas práticas cristãs, de oração e intimidade com Deus. As celebrações das missas eram ocultas, sempre feitas na casa de um ou de outro cristão, evitando desta forma que eles fossem descobertos e perseguidos.

Teodora, sem poder contar com a ajuda do esposo falecido, teve de exercer dupla função para criar e orientar os filhos para a vida, inculcando em cada um deles as virtudes cristãs, a educação e o desenvolvimento do bom caráter. Exercendo a função de mãe e pai, ao mesmo tempo, procurava propor a sua família um ambiente fraterno de respeito e carinho. E assim também devemos fazer. Da partilha das refeições e das tarefas da casa e do sítio que possuíam vinha grande parte dos produtos para o sustento da família. Lavrando a terra e criando animais não só produziam tudo para a subsistência própria como ainda o excesso da produção eles vendiam para manter as outras despesas e as necessidades pessoais de cada um. Quando todos se propõem a dividir as tarefas e bem realizá-las, tudo fica mais fácil.

Assim foi em um ambiente pleno de amor e fraternidade que Teodora criou seus filhos, preparando-os para a vida.

VIVÊNCIA CRISTÃ

A fé cristã foi plantada entre os povos daquela região inicialmente pelos próprios discípulos de Jesus Cristo, inclusive, de acordo com os Atos dos Apóstolos, escrito por São Lucas, São Paulo Apóstolo foi até a Grécia, de forma itinerante, pregando de cidade em cidade. E todos os que abraçaram a fé em Jesus Cristo foram batizados tornando-se cristãos. Eram muitos e, entre eles, estavam Teodora e sua família, que nunca deixaram de viver e anunciar a Palavra de Deus, sempre que havia uma oportunidade. E foram muitas as pessoas que encontraram o caminho da verdade por meio deles. Quem descobriu o caminho da felicidade não guarda só para si, mas quer partilhar com os outros para que também eles experimentem e vivam essa felicidade de ter encontrado Deus. Eles não perdiam nenhuma oportunidade de falar de Jesus Cristo e proclamar a alegria de serem seus seguidores. Espargiam o Evangelho entre seus concidadãos.

Desde garotos, Cosme e Damião mostravam-se atenciosos com os mais necessitados, principalmente na questão de saúde, sempre querendo ajudar e curar os enfermos. Isso os tocava fundo e queriam fazer algo para ajudar, por isso decidiram estudar medicina para poderem compreender melhor as enfermidades e a maneira certa de curá-las. E para que isso se tornasse realidade empreenderam tamanha empreitada de estudos com os melhores mestres da época.

DEUS REVELA A MISSÃO DOS IRMÃOS

Cosme e Damião se empenhavam nos estudos da medicina. Eram dois jovens simples, porém determinados. As misérias alheias de um povo sofrido e muitas vezes enfermo e sem recursos financeiros para uma consulta ou um tratamento faziam com que muitos perecessem. Somente os abastados tinham acesso aos bons médicos, que faziam da profissão uma forma de enriquecer e não de ajudar o próximo. Era sobre essa situação que os dois irmãos pensavam. Queriam ser médicos para socorrerem os desvalidos. Com esse propósito é que seguiam os estudos com os melhores mestres de medicina na época, também chamados de esculápios.

Havia também aqueles profissionais de saúde que misturavam a medicina com certas superstições e sortilégios para dar certa ênfase no tratamento dos doentes, que achavam que as fórmulas mágicas ajudavam na convalescência. Os dois irmãos, ao contrário disso, sendo cristãos, abominavam essas práticas. Faziam uso de uma medicina fitoterápica e juntamente a isso costumavam rezar por seus pacientes. Dando-lhes a cura física e também implorando do céu a cura vinda de Deus.

Estudaram medicina na Síria, em uma escola muito conceituada naquela época. E os irmãos estudavam com muita disciplina e determinação. Certo dia, enquanto voltavam da escola de medicina, viram um pombo branco que voando foi em direção de ambos. Enquanto admiravam a proximidade da ave, esta, chegando bem perto deles, falou-lhes: "Não fiquem assustados. Eu sou o Espírito Santo e venho lhes conceder o dom de curar as pessoas humanas e até mesmo os animais. Deveis usar essa graça que vos concedo apenas para o bem e nunca pedir nada em troca". Diante dessa visão beatífica, os dos dois irmãos decidiram obedecer ao pedido divino.

Concluído os estudos, Cosme e Damião já médicos começaram a atender todos os doentes da cidade e de outras regiões, que sabendo da fama dos dois irmãos iam procurá-los na certeza de serem curados.

EXERCENDO A MEDICINA

No atendimento aos doentes, um dos primeiros casos foi o de uma mulher com as pernas entrevadas, que não andava mais há muito tempo e tinha muitas dores, sofrendo pelas limitações dos movimentos. Levada por seu esposo até o consultório dos irmãos médicos, estes apenas tocaram as mãos em suas pernas para examiná-la, e os nervos se soltaram; ela ficou em pé e começou a andar como se nunca tivesse tido nada. Agradecidos, ela e o esposo, queriam pagar a cura, mas os dois irmãos não aceitaram, apenas disseram para eles agradecerem a Jesus Cristo, porque essa cura veio dele, pois eles, como médicos, eram instrumentos nas mãos de Deus.

O segundo caso foi de um senhor que havia perdido a visão muitos anos atrás e isso lhe causava muito sofrimento, pois o impedia de executar seus trabalhos no campo, em suas plantações de trigo, cevada e outros cereais, que antes da perda da visão ele produzia e comercializava. Eram só escuridão seus dias. Sabendo da fama dos dois médicos, pediu a um de seus filhos que o levasse até a cidade onde eles atendiam para ser consultado por eles, pois tinha enorme esperança de voltar a enxergar.

Quando chegou diante de Cosme e Damião, confidenciou seu sofrimento. Então os dois irmãos ficaram em silêncio e oração. Quando, com os dedos, tocaram os olhos do pobre senhor, no mesmo instante, ele começou a enxergar e, com alegria, disse que estava vendo tudo. Um dos dois perguntou-lhe: "Está vendo tudo agora?" "Sim! – respondeu o homem –, quanto lhes devo por esta cura?" Os irmãos responderam: "Não lhe custa nada. Quem o curou foi Deus, que, compadecido de seu infortúnio, concedeu-lhe essa cura. Agradeça a Deus, e isso nos basta para que fiquemos felizes e recompensados. Vá em paz, viver essa nova vida que Deus está lhe concedendo". O homem saiu sorridente e feliz, louvando a Deus pela graça concedida.

FARMACOLOGIA FITOTERÁPICA

No tempo em que viveram São Cosme e São Damião não havia os remédios elaborados em laboratórios, como existe hoje com todo o aparato científico que se compra nas farmácias e drogarias. Assim como os indígenas e os povos ancestrais de todas as regiões da terra, as pessoas sempre fizeram uso das ervas medicinais e o que valia era o conhecimento da força curativa das plantas. Faziam tinturas a partir da infusão das plantas em substâncias alcoólicas líquidas próprias para extrair o poder curativo delas. Sobretudo, sabiam realizar suas manipulações para serem usadas pelas pessoas, de acordo com a indicação para cada tipo de enfermidade. Raízes, folhas, cascas das árvores, frutos e flores, tudo tinha uma finalidade.

Naquela época, quando se estudava medicina, além de adquirir conhecimento sobre o corpo humano, para saber a forma correta para realizar a cura, havia também o estudo das plantas e seu emprego em cada enfermidade. Afinal, não havia injeções, comprimidos, cremes ou pomadas. Então era necessário saber manipular as plantas para ter sempre os medicamentos em mãos. Cosme e Damião, mediante seus estudos, tinham grandes conhecimentos fitoterápicos e sobre como manipular e produzir remédios, tais como xaropes, pomadas, chás e tudo que se refere a esses medicamentos naturais. Quando não estavam atendendo os doentes, estavam manipulando as plantas e produzindo remédios, para distribuí-los gratuitamente entre os enfermos. Por causa desses feitos é que São Cosme e São Damião são também considerados **Padroeiros dos Farmacêuticos**. Eles, além do diagnóstico da doença, já ofereciam o medicamento para o enfermo se curar. Dessa forma, naquele tempo, eles já praticavam a **Pastoral da Saúde**.

PROCURADOS PELO POVO

Já não havia mais como ocultar a fama dos gêmeos médicos, pelo tanto de pessoas que vinham procurá-los. Davam atenção a todos, e não havia predileção. A cura era para quem os procurasse. Havia, contudo, uma atenção muito especial às crianças enfermas. Pequenas e frágeis, as crianças, muitas vezes vindas de longe e desnutridas, recebiam dos dois médicos a cura, recomendações e até algo para comer. É devido a esse cuidado e essa atenção com os pequenos que nasceu a forte devoção de São Cosme e São Damião como protetor das crianças. O que é muito compreensível e justificável.

Deficientes visuais, pessoas com problemas físicos nas pernas, nas mãos e nos órgãos internos do corpo, todos eram consultados e curados. Tudo isso de forma gratuita, conforme o pedido do Espírito Santo.

Certamente, isso deve ter provocado um grande desconforto nos médicos que atendiam a alta aristocracia e cobravam preços elevados. Mas se os ricos e poderosos podiam pagar as consultas, com os pobres e necessitados ocorria o contrário. Não podiam, pois nada tinham. Por isso Deus suscitou os dois irmãos e deu-lhes o dom de curar as pessoas. Aliás, Deus sempre arruma uma forma de ajudar seus filhos mais carentes por meio de sua misericórdia.

MÉDICOS E CATEQUISTAS

Tendo sido criados na fé cristã, recebendo da própria mãe as primeiras instruções catequéticas, todos os filhos de Teodora eram cristãos fervorosos e praticantes dos ensinamentos evangélicos de Jesus Cristo, sempre assíduos nas orações e nas celebrações Eucarísticas nas comunidades. Mais que isso, além de exercerem a medicina, os irmãos Cosme e Damião também exerciam o ministério da catequese, instruindo na fé os convertidos. Fiéis e assíduos na vida cristã tinham profundo amor e devoção a Nossa Senhora, como mãe e mestra. Essa devoção sempre foi muito forte entre os cristãos, desde o início do cristianismo. Nossa Senhora, ainda no mundo, sempre esteve presente entre os Apóstolos e, provavelmente, também nas primeiras comunidades cristãs. Estava ela junto a todos, no dia de Pentecostes, sempre animando, fortalecendo e rezando com a comunidade como "Mãe da Igreja". Sendo a Mãe do Senhor Jesus, ela já era amada como mãe dos primeiros cristãos. Cosme e Damião não eram indiferentes a essa devoção e a esse amor filial por Maria.

Infelizmente, todas as atividades religiosas eram feitas de forma discreta entre os cristãos, para evitar que os pagãos tirassem algumas vantagens e delatassem os seguidores de Cristo para as autoridades romanas, que não perdiam um só minuto em persegui-los, de forma ferrenha e sem piedade alguma.

A vida despojada e os envolvimentos com a prática da caridade faziam de Cosme e Damião pessoas especiais. O fato de não cobrarem nada pelo atendimento e pela cura que realizavam levou-os a serem apelidados de *anargyros*, uma denominação grega que se refere às pessoas que fazem o bem sem ter interesse de receber dinheiro como pagamento. A fama dos dois médicos correu por todo o país, não havia na Arábia quem não tivesse ouvido falar dos médicos Cosme e Damião. Afinal, por pior que fosse a enfermidade que a pessoa tinha, quando tratada por eles, ela ficava curada. O que ninguém sabia é que unida à prática da medicina estava a obediência deles ao Espírito Santo, por ter concedido a eles tão significativo e digno dom de curar as pessoas. Isso também fazia dos dois irmãos serem fervorosos na oração e nas práticas religiosas, proclamando as glórias de Jesus Cristo.

MÉDICOS E CATEQUISTAS

Tendo sido criados na fé cristã, recebendo da própria mãe as primeiras instruções catequéticas, todos os filhos de Teodora eram cristãos fervorosos e praticantes dos ensinamentos evangélicos de Jesus Cristo, sempre assíduos nas orações e nas celebrações Eucarísticas nas comunidades. Mais que isso, além de exercerem a medicina, os irmãos Cosme e Damião também exerciam o ministério da catequese, instruindo na fé os convertidos. Fiéis e assíduos na vida cristã tinham profundo amor e devoção a Nossa Senhora, como mãe e mestra. Essa devoção sempre foi muito forte entre os cristãos, desde o início do cristianismo. Nossa Senhora, ainda no mundo, sempre esteve presente entre os Apóstolos e, provavelmente, também nas primeiras comunidades cristãs. Estava ela junto a todos, no dia de Pentecostes, sempre animando, fortalecendo e rezando com a comunidade como "Mãe da Igreja". Sendo a Mãe do Senhor Jesus, ela já era amada como mãe dos primeiros cristãos. Cosme e Damião não eram indiferentes a essa devoção e a esse amor filial por Maria.

Infelizmente, todas as atividades religiosas eram feitas de forma discreta entre os cristãos, para evitar que os pagãos tirassem algumas vantagens e delatassem os seguidores de Cristo para as autoridades romanas, que não perdiam um só minuto em persegui-los, de forma ferrenha e sem piedade alguma.

A vida despojada e os envolvimentos com a prática da caridade faziam de Cosme e Damião pessoas especiais. O fato de não cobrarem nada pelo atendimento e pela cura que realizavam levou-os a serem apelidados de *anargyros*, uma denominação grega que se refere às pessoas que fazem o bem sem ter interesse de receber dinheiro como pagamento. A fama dos dois médicos correu por todo o país, não havia na Arábia quem não tivesse ouvido falar dos médicos Cosme e Damião. Afinal, por pior que fosse a enfermidade que a pessoa tinha, quando tratada por eles, ela ficava curada. O que ninguém sabia é que unida à prática da medicina estava a obediência deles ao Espírito Santo, por ter concedido a eles tão significativo e digno dom de curar as pessoas. Isso também fazia dos dois irmãos serem fervorosos na oração e nas práticas religiosas, proclamando as glórias de Jesus Cristo.

O ÓBOLO DA MULHER

Certa vez, Cosme e Damião foram procurados por uma mulher, cujo nome era Paládia. Essa pobre senhora sofria de uma enfermidade há anos. Já havia gastado grande parte de sua fortuna procurando a cura para seu mal, porém tudo em vão. Cansada de tanto procurar uma solução para seu problema de saúde, foi aconselhada a ir atrás dos dois jovens médicos.

Ao se aproximar de Cosme e Damião, foi enfática dizendo tudo sobre seu sofrimento e pediu a eles que a curasse. "Curai-me, e eu lhes serei grata por toda a minha vida". "Creia! Em nome de Deus lhe daremos sua saúde de volta", disse Cosme. "Rezai conosco! Deus vai lhe conceder essa graça", falou Damião.

Diante da oração e do toque dos irmãos na fronte de Paládia, ela ficou curada na mesma hora. Muito feliz, quis recompensar os dois médicos com uma quantia em dinheiro. Mas eles recusaram, explicando que faziam aquela obra por intervenção de Deus. Que eram apenas instrumentos nas mãos divinas. A obra era de Jesus Cristo e não deles.

Paládia, no entanto, teve dificuldade de entender as explicações e, diante da alegria que estava sentindo, por estar curada, insistiu: "Aceitem este humilde presente, é pouco, mas é tudo o que eu tenho". "Não podemos receber nada pela cura. Nossa recompensa será no céu." E Paládia continuou insistindo: "Seria por que meu presente é pobre? Por isso o recusam?" Assim, para não deixar aquela mulher desapontada, diante de tal situação, Damião respondeu: "Para tranquilizar seu coração, aceitarei seu presente".

Quando a mulher partiu, Cosme censurou o irmão, dizendo: "Meu irmão, um grande erro você cometeu. Não devia ter aceitado. Por causa desse seu pecado, não permitirei que seus restos mortais sejam enterrados junto aos meus". Estando ali dois amigos de ambos, ele ainda falou: "E vocês são testemunhas desse meu pedido".

Naquela noite, enquanto rezava, Cosme teve uma visão, na qual o próprio Jesus Cristo lhe falou: "Cosme, escuta-me! Damião não tem culpa. Não cometeu falta alguma, ele aceitou o óbolo da mulher por caridade".

Cosme então entendeu que deixar a mulher constrangida seria algo muito mais desagradável e humilhante. Assim compreendeu a atitude de Damião. E aquela soma em dinheiro foi logo destinada a ajudar pessoas necessitadas.

AS OBRAS SOCIAIS

Em todos os lugares, cidades e povoados, sempre existiram e existem certas divisões sociais, que não deveriam existir, mas infelizmente há o grupo dos abastados e o dos menos favorecidos. Sempre o número maior é de pobres, aqueles que não significam quase nada dentro de uma sociedade rica e poderosa. Na época e na cidade onde viveram os santos médicos Cosme e Damião, isso não era diferente. Lá os pobres e necessitados também estavam presentes, carregando seu fardo pesado de privações. Cosme e Damião, medicando as pessoas de forma gratuita, não tinham meios de ajudar financeiramente o povo, no entanto, para eles era indiferente, atendiam todos, independentemente de serem desvalidos ou abastados. Porque, às vezes, quem tem muitos bens e fartas provisões, aparentemente sendo rico, é pobre de amor e miserável de caridade.

Sempre há algum coração generoso, como foi o caso da já citada senhora de nome Paládia, cuja oferta foi aceita em nome da caridade. Porém, quando alguém ficava profundamente agradecido pela cura recebida e insistia em querer recompensá-los financeiramente, Cosme e Damião desconversavam e ficava tudo resolvido.

As pessoas, em agradecimento aos irmãos, começaram por iniciativa própria a fazer algo em favor dos necessitados. Já que os dois médicos não podiam aceitar nada, os agraciados podiam mostrar sua gratidão fazendo algo pelos pobres da cidade, principalmente pelas crianças, que eram em grande número. Isso agradou profundamente Cosme e Damião. Essa atitude proporcionava às pessoas a oportunidade de serem generosas e solícitas com o próximo. Vendo que esses feitos do povo causavam imensa alegria aos dois jovens médicos, sentiam-se agradecidos e felizes. Fazer algo pelo povo, principalmente pelas crianças, é encher o coração de Deus de alegria.

Cosme e Damião, preocupados com o futuro das crianças, a elas dedicavam parte de sua vida. Angariavam alimentos entre os ricos da cidade para que os pequenos não passassem fome. Essa preocupação ia além das mudanças do tempo, pois além do calor havia a época do frio, que castigava sem dó, por isso todas as doações de roupas e mantas os dois irmãos encaminhavam para quem delas precisasse. E não era só isso, Cosme e Damião também se preocupavam com a formação religiosa e cultural das crianças, contando com a ajuda de pessoas que os alfabetizassem. Os dois santos ganharam a fama de protegerem os pequenos, e os adultos ganhavam muitas graças dos dois santos, por fazerem um bem a uma criança ou a muitas crianças. Proteger as crianças, zelando por elas, é a certeza de ganhar a estima e a proteção de São Cosme e São Damião e a atenção de Deus.

Dessa forma, até os dias de hoje, há o costume de se distribuir doces ou preparar uma festa para as crianças no dia 27 de setembro, dia da festa litúrgica de São Cosme e São Damião. Então, para deixar os dois santos felizes, basta fazer uma festa para as crianças com muita comida, principalmente doces, que é a alegria da petizada.

Além de serem os patronos dos médicos, São Cosme e São Damião também se tornaram protetores das crianças.

CONFABULAÇÕES EM ROMA

Em Roma, como se sabe, as perseguições aos cristãos era uma obsessão de Diocleciano, Maximiniano e outros imperadores pagãos. A ideia obsessiva visava extirpar o cristianismo do Império Romano. Mas as coisas aconteciam ao contrário. O sangue dos mártires caído na terra frutificava como uma semente, que brota e faz surgir uma árvore frondosa. O número de cristãos só aumentava.

Lísias foi nomeado procônsul do Império Romano, no governo da Egeia e Cilícia, na Ásia Menor. Não teve outro comportamento a não ser o de perseguição, de acordo com as orientações recebidas de Roma, antes de assumir o novo governo. Veio para a nova região obstinado a perseguir os cristãos, até dar fim em todos que professavam a religião de Jesus Cristo.

Em Roma, as perseguições eram incansáveis. Jogavam os cristãos no Coliseu, para serem devorados pelos leões famintos, outras vezes, os cristãos eram cozidos no óleo, decapitados, enforcados, flechados ou colocados na roda de lâminas. As formas de tortura, antes de matar os cristãos, eram cheias de criatividade. Isso vinha embebido em um ódio sem par, cujo objetivo era por fim de vez nos seguidores de Cristo. Para os romanos pagãos, a fé cristã ultrajava seus "deuses mitológicos", quando os cristãos se recusam a adorar essas falsas divindades, prestar-lhes um culto até com queima de incenso. Mas tinha também o lado político das coisas, o medo do imperador de Roma de o cristianismo crescer de forma volumosa e os cristãos elegerem um imperador cristão que o derrubasse do poder.

Lísias chegou preparado para pôr em prática toda a doutrinação de Roma. Mal acabou de tomar posse, ficou sabendo da fama dos gêmeos Cosme e Damião, que, além de exerceram a medicina, propagavam o Evangelho. Lísias, sabendo que os dois irmãos não frequentavam o templo pagão nem prestavam culto a seus deuses, intimou e obrigou-os a comparecerem diante dele para se retratarem.

POLITEÍSMO ROMANO

Assim como aconteceu no Egito, na época da escravidão do povo hebreu, algo similar aconteceu também em Roma. No Egito, o faraó mandava criar estátuas de deuses imaginários e obrigava o povo a obedecê-lo em nome daqueles "deuses", que segundo o próprio faraó os protegia, e quem desobedecesse a suas ordens era castigado por tais deuses. O povo vivia sob pressão e com medo de ser castigado. Muitos hebreus, mesmo sendo o povo de Deus, acabaram adquirindo certos costumes pagãos dos egípcios. Por isso, quando foram libertos e já estavam no deserto, alguns ainda tinham os costumes religiosos dos egípcios. Foi aí que Moisés os proibiu de vez de realizarem tais práticas (cf. Êxodo 20,3-6), pois aqueles "deuses mitológicos" não existiam, eram fruto de uma imaginação fantasiosa da cabeça do faraó, que os criava para se beneficiar disso, oprimindo e assustando o povo, para mantê-lo sob sua obediência.

Em Roma, aconteceu a mesma coisa, apenas com uma ressalva, quem não seguia a religião dos romanos era punido por seguir outra fé. No caso dos cristãos, eles eram torturados e mortos. Era uma imposição forte e perversa. Tudo era feito de forma muito violenta. Enquanto os egípcios e os romanos eram politeístas, porque acreditavam em vários deuses, os cristãos eram monoteístas, ou seja, acreditavam em um único Deus. Obrigados a adorar os deuses pagãos romanos e oferecer a eles preces e incenso, os cristãos se negavam a fazê-lo, dizendo que aquilo era pecado porque só existia um único Deus para eles. Por causa disso, acabavam sendo presos, torturados e martirizados. Mantendo-se firmes em suas convicções eram mortos das formas mais perversas possíveis. Isso não acontecia só na cidade de Roma, mas por todo o vasto império romano.

Todo procônsul nomeado por Roma, em vez de realizar um governo que se preocupasse com o lado social da população das localidades que governava, preferia perseguir os cristãos para extirpá-los, por medo do cristianismo dominar o povo e os pagãos, perdendo dessa forma a autoridade sobre eles. Enquanto o cristianismo era uma religião de libertação, as seitas pagãs tinham por objetivo a opressão.

A terra natal de Cosme e Damião vivia sob o domínio dos romanos, portanto não estavam isentos das perseguições feitas aos cristãos. Por essa razão, os dois irmãos médicos estavam na mira dos pagãos, que ficavam à espreita, articulando uma forma de pegá-los e prendê-los.

DIANTE DE LÍSIAS, O PROCÔNSUL ROMANO

Trazidos à presença de Lísias, este, em sua peculiar falsidade farisaica, mostrou-se cordial, educado e generoso para com Cosme e Damião, escondendo dos dois irmãos sua real intenção.

Recebeu-os e foi logo perguntando-lhes o nome, qual era a pátria e o grau de fortuna de ambos. "Somos Cosme e Damião, médicos, e temos mais três irmãos: Antino, Leôncio e Euprépio. Nossa pátria é a Arábia. Quanto à fortuna, nada temos, a não ser a crença que temos em Deus."

Lísias então teve uma ideia para achar um motivo de apanhar os dois irmãos em uma armadilha muito bem articulada. "Para mostrar minha cordialidade e consideração, convido-os para participarem do culto a nossos deuses."

Essa foi a estratégia armada por Lísias para pegar os dois irmãos em um beco sem saída. "Impossível, senhor!", disse Damião. "Por que impossível?", perguntou Lísias. "Porque só adoramos um único e verdadeiro Deus." Era tudo o que Lísias precisava ouvir para tomar uma atitude. "Guardas! Prendam esses infiéis! Busquem também seus outros irmãos. Quero todos aqui." Cosme e Damião não vacilaram e confiaram na misericórdia divina. Deus haveria de intervir e salvá-los.

PERSEGUIÇÃO AOS CRISTÃOS

As perseguições aos cristãos, dentro de um masoquismo descontrolado, davam enorme prazer aos pagãos, ao verem torturados seus desafetos religiosos. Nem conheciam direito os dois irmãos médicos e se inflamaram por causa de uma questão de fé. Nesse contexto, Lísias não deixou de cumprir suas ameaças. Condenou Cosme e Damião como agitadores e por seduzirem o povo ao cristianismo.

Não se pode ignorar que todas essas ações dos governantes daquele tempo e em todas as épocas têm um objetivo político. Quando os três reis magos do Oriente chegaram a Jerusalém, procurando pelo "Rei dos Judeus", foi um problema para Herodes. Tendo consultado os príncipes dos sacerdotes e os escribas, foi confirmada a profecia do profeta Miqueias sobre o Cristo e onde ele deveria nascer. Disseram a Herodes o que estava escrito: "Em Belém, na Judeia, porque assim foi escrito pelo profeta. E tu, Belém, terra de Judá, não és de modo algum a menor entre as cidades de Judá, porque de ti sairá o chefe que governará Israel meu povo" (cf. Miqueias 5,1). Um rei que viria tomar seu lugar. Isso deixou Herodes preocupado, com os miolos fervendo. Esse rei, supôs ele, viria tomar seu trono, seu status e talvez até mandasse prendê-lo, pelo tanto de corrupção cometida. Assim, entrou em seu plano uma articulação política de eliminar esse rei que acabava de nascer. Avisado em um sonho, São José, para proteger a vida do menino, fugiu para o Egito, percorrendo uma distância de 600 quilômetros. Mal acabara de nascer e Jesus já se tornara vítima de uma perseguição política. A gravidade dessa perseguição se viu pela raiva de Herodes, que mandou matar todos os meninos abaixo de dois anos, quando se viu enganado pelos Magos, que avisados em sonho por um anjo voltaram para suas pátrias por um outro caminho. Queria, dessa forma, matar Jesus no meio dessas crianças (cf. Jeremias 31,15). Essa história ficou distante, há mais de dois mil anos, mas dá para imaginar os fatos. Essa perseguição ao Menino Jesus foi tão ferrenha que a Sagrada Família precisou caminhar uma distância enorme para proteger o recém-nascido.

O medo do número de cristãos aumentar sempre mais e de repente decidirem ter um rei próprio que pensasse como eles deve ter sido uma das muitas preocupações dos imperadores romanos daquela época. Cosme e Damião, como seguidores de Jesus Cristo, enquadravam-se perfeitamente dentro desse esquema. A visão de Roma não era tão religiosa, mas sim política. E aí se reforça a acusação de que Cosme e Damião eram agitadores, pelo fato de serem testemunhas do Evangelho e trazerem o povo para a Igreja, serem batizados e tornarem-se seguidores de Jesus Cristo.

A religião dos romanos era imposta ao povo como uma forma de dominação, para mantê-lo alienado e ser mais fácil dominá-lo. A doutrina pagã de culto aos deuses mitológicos era apenas uma etapa do escravagismo psicológico aplicado à população, ao contrário do Cristianismo, no qual seu fundador se apresenta como "Libertador" e não opressor.

AS TORTURAS

Lísias, além de mandar buscar os outros três irmãos de Cosme e Damião, à força, também começou a fazer ameaças a eles, por não adorarem os "deuses pagãos" romanos. Tendo também recusado cometer tais práticas, foram levados à prisão e flagelados sem piedade, como se fossem malfeitores da pior espécie, embora fossem honestos trabalhadores. Homens simples que lavravam a terra.

Como é típico de todo torturador divertir-se com um perverso masoquismo, ao ver seu subordinado sofrer, chorar, lamentar e pedir clemência, uma vez que Cosme e Damião eram seguidores do "Cristo crucificado", Lísias mandou fazer duas cruzes para crucificá-los diante do povo. Uma forma pedagógica para assustar e intimidar todos aqueles que haviam abraçado o cristianismo. O efeito esperado é que recuassem, repudiassem a fé cristã e aderissem às práticas pagãs de adorar os falsos deuses pagãos dos romanos. Como isso não ocorreu, diante do povo, os dois irmãos foram pregados em um madeiro. Mas o povo presenciou algo maravilhoso, que aumentou ainda mais a fé de todos, os pregos não penetravam as mãos nem os pés de Cosme e Damião, apesar das fortes marretadas dadas pelos soldados. Os dois irmãos, confiantes em Jesus Cristo, zombavam de seus carrascos, dizendo que não estavam sentindo nada. Sorriam com o coração cheio de fé e confiança em Deus. E as pessoas do povo, que foram chamadas para testemunhar aquela cena de tortura, ao verem que nada de mal acontecia a Cosme e Damião, bradavam em alta voz: "Milagre! Nosso Deus é forte e poderoso. Viva Jesus Cristo, nosso Deus nosso Rei e Salvador". E o povo gritava mais forte: "Jesus é nosso Deus! Jesus é nosso Deus!"

Lísias ficou atônito e, quando saiu daquele estado emocional, espumava de raiva gritando que Cosme e Damião haviam praticado magias, feitiçarias e encantamentos. Única forma que achou para justificar sua decepção diante do fato milagroso ocorrido na frente dele e de toda a população da cidade. Mais ainda fortalecido pelas convicções dos três irmãos dos gêmeos que Lísias fez questão de mandar buscá-los para testemunharem o martírio dos dois médicos. Mas nada aconteceu. O poder de Deus triunfou sobre o coração maldoso do procônsul romano. E o povo foi testemunha disso.

JOGADOS DO PENHASCO

Mais que ficar desapontado foi o fiasco pelo qual passou Lísias, em mais uma derrota, em que pretendia mostrar poder e autoridade perante o povo, crucificando os dois irmãos. Seria uma forma de mostrar que morreriam da mesma forma que o Mestre a quem seguiam. Mas Deus não permitiu. Porém isso deixou Lísias com mais raiva e determinação de exterminar os dois irmãos. Alegava que eram feiticeiros, por isso nada acontecia. Na verdade, Lísias, por orgulho, arrogância e ignorância, não queria admitir que presenciou um milagre de Deus.

Então lhe veio à mente uma ideia bem perversa: acorrentar os dois irmãos e jogá-los ao mar, do alto de um penhasco. Nada poderia impedir que dessa vez fossem mortos. Ninguém sobreviveria a uma queda daquela altura e ainda acorrentado. E foi isso mesmo que fez. Lísias ordenou aos soldados que acorrentassem Cosme e Damião tão bem, que nem pudesse se mexer direito. Sem nenhuma chance das correntes se afrouxarem e eles se libertarem.

O povo sem força ou poder, nada podia fazer para impedir mais uma loucura de Lísias. As pessoas apenas acompanharam os dois irmãos nesta última empreitada para rezarem por eles na hora do martírio. Cosme e Damião pediam aos cristãos que rezassem por eles. E, sem piedade, foram atirados ao mar, do alto do penhasco. Acabaram de cair nas águas e foram acolhidos por um Anjo que lhes disse: "Não tenham medo! O senhor está com vocês". E o Anjo de Deus os resgatou, desatou-lhes as correntes e eles chegaram ilesos à praia, como se nada tivesse acontecido. Vendo Cosme e Damião caminhando calmamente pela praia, o povo levantou os braços para o céu, agradecendo e louvando a Deus por sua infinita misericórdia. E, em um só brado, louvava o Altíssimo, gritando: "Nosso Deus é tremendo!"

Lísias teve de aceitar mais um fracasso em suas tentativas de lutar contra os que são de Deus. Mas quem é mau e tem o coração cheio de veneno é perverso, não se convence fácil, está sempre articulando o que não presta e se divertindo com o mal dos outros.

AS TRAMOIAS DE LÍSIAS

Diante dos prodígios operados por Deus aos dois irmãos, Lísias começou a ter uma ideia distorcida dos fatos. Pagão e acreditando em coisas nada edificantes, começou a achar que Cosme e Damião fossem mágicos ou feiticeiros. Com esse pensamento, chamou os dois irmãos e, enfaticamente, fez uma proposta: "Vendo claramente que sois mágicos, feiticeiros e conhecedores de muitos segredos, venho propor-lhes que me ensineis vossos sortilégios e juntos seremos os homens mais ricos e poderosos do mundo. Teremos fama e nos fartaremos de tanto dinheiro". E os dois irmãos foram diretos na resposta: "Não somos nós que realizamos esses prodígios! É nosso Deus quem faz tudo. Nossa fé é que nos fortalece e nosso Deus nos retribui com sua graça. Ele sim, pode tudo. É o único Deus verdadeiro que tudo pode e tudo governa. Só Ele e ninguém mais".

Lísias sentiu-se ofendido. Além de recusarem sua proposta ainda humilharam seus deuses pagãos, dizendo que só o Deus deles pode tudo. "Então vocês estão zombando de nossos deuses? Que eles não são verdadeiros?" "Exatamente isso!", disseram Cosme e Damião e ainda afirmaram: "Seus deuses são falsos e nada podem fazer porque nem existem".

Enraivecido, Lísias quis se atirar sobre os dois irmãos, mas, ao tentar atacá-los, foi agarrado por dois demônios que apareceram naquela hora e começaram a torturá-lo, chacoalhando seu corpo, apertando sua garganta e dando tapas por seu corpo, como se ele fosse um boneco.

Desesperado, Lísias começou a gritar: "Cosme! Damião! Ajudai-me antes que estes demônios acabem com minha vida. Roguem a vosso Deus que me perdoe e me liberte destes seres malignos". Os dois irmãos se ajoelharam e começaram a orar: "Senhor! Deus do céu, perdoai esse nosso torturador. Mostrai-lhe a vossa onipotência". No mesmo instante, os dois demônios largaram Lísias e desapareceram.

Vendo-se livre, em vez de agradecer ao Deus vivo e verdadeiro e ser grato a Cosme e Damião, que intercederam por ele, na mesma hora começou a ter ideias perversas. Afirmou a si próprio que aquilo tinha acontecido porque ele havia renegado seus deuses, por isso fora castigado. E voltando seus intentos contra os dois irmãos pensou: "Ainda acabo com esses dois feiticeiros, não consentirei que continuem agindo dessa forma, seduzindo o povo para acreditar em seu Deus".

Certas ideologias são assim. São como uma droga, que não se consegue largar, mesmo vendo que está errado, continua a segui-las e dando a elas toda a credibilidade. Lísias chegou a experimentar a misericórdia de Deus, mas a graça não tocou seu coração, por isso ele preferiu continuar seguindo o caminho da incerteza.

O MILAGRE DA FOGUEIRA

Vendo-se livre das garras dos dois demônios, Lísias esqueceu-se rapidamente que fora salvo pela oração e a intercessão de Cosme e Damião. Os apuros que viveu e a libertação que teve já seriam um grande motivo para sua conversão, mas seu coração permanecia insensível. Para ele, era mais fácil acreditar em bruxarias do que na onipotência de Deus. Então, alegando que os dois jovens eram bruxos, feiticeiros e que tinham se safado da crucifixão e da queda no penhasco porque usaram de sortilégios, prosseguiu assim nessa difamação. Não conseguia admitir que os gêmeos, mediante a fé, eram protegidos por Deus.

Lísias, dessa vez, teve uma outra ideia para eliminar os dois irmãos. Se a crucifixão e a queda no penhasco não haviam dado certo, do fogo com certeza não escapariam. Por isso ordenou que fosse feita uma grande fogueira e que Cosme e Damião fossem jogados nela. Do fogo não escapariam e seria o fim dos dois médicos, que viviam agitando o povo com a doutrina de Jesus de Nazaré, arrebanhando cada dia mais gente para a igreja, onde os cristãos se reuniam para celebrar a santa Missa e ouvir a Palavra de Deus.

Os soldados de Lísias se puseram a buscar madeira seca e, em pouco tempo, estava pronto um enorme monte de lenha, no meio de uma grande praça. E o fogo foi ateado, pois Lísias não queria perder tempo. As labaredas ardiam e as brasas recendiam, quando Cosme e Damião foram atirados entre as chamas. Mais uma vez a intervenção divina se fez presente, como ocorreu no Antigo Testamento com os jovens Ananias, Misael e Azarias (cf. Daniel 3,16-18), que foram atirados em uma fornalha ardente, por recusarem adorar os falsos deuses de Nabucodonosor. Deus os preservou do fogo, e assim também fez com Cosme e Damião. Jogados no meio da fogueira, os dois irmãos foram protegidos por Deus de tal forma que nem um só fio de cabelo deles foi chamuscado. Enquanto as labaredas ardiam, elas começaram a partir para o lado de Lísias, que apavorado teve de sair correndo. E, sem que ninguém jogasse água, as chamas se apagaram e os dois irmãos saíram do meio delas, como se nada tivesse acontecido. E o povo, como testemunha ocular de mais um fato milagroso, rendia graças, levantando os braços para os céus rezando, louvando e a agradecendo ao Senhor Jesus tamanha misericórdia.

AMARRADOS AOS CAVALOS

Diante dos prodígios de Deus, em favor de Cosme e Damião, Lísias mostrava-se colérico, de mau humor, e seu coração raivoso só pensava em vingança. Para ele, era uma humilhação assistir à vitória de dois jovens que proclamavam a grandeza de Deus, enquanto os "deuses dos pagãos" eram humilhados perante o povo. Isso tinha também uma conotação política, pois a falta de atitude das divindades pagãs mostrava que não tinham poder e não eram nada, e isso enfraquecia a autoridade do procônsul Lísias, no governo da região. Então não saía de sua mente descobrir uma forma de derrotar os dois irmãos médicos e assim enfraquecer a fé do povo.

Todas as tentativas de destruir Cosme e Damião falharam, e com os feitos milagrosos cada vez mais aumentava a convicção e a fé do povo. Tinha de haver um meio de dar um basta nisso e de forma urgente. Então

Lísias teve uma nova ideia de tortura, seria a de amarrar os gêmeos a uma corda e esta à sela de dois cavalos. Os cavaleiros sairiam galopando em alta velocidade e eles, não conseguindo acompanhar os cavalos, cairiam pelo chão e seriam arrastados até se esfolarem e não suportando a dor, morreriam. Assim foi feito. Os dois verdugos galopando a mais de duas horas sem parar e os dois irmãos pareciam flutuar sobre nuvens, sem nenhum arranhão em seus corpos. Em determinado momento, exaustos, os dois pararam em frente ao palanque, de onde Lísias assistia àquela cena, e bradaram: "Não aguentamos mais! Estamos exaustos. Estamos quase desmaiando de tanto cavalgar nessa velocidade. Nossos corpos estão queimando de calor e temos sede". Desamarrados, os dois irmãos testemunharam a presença de dois anjos de Deus, que os mantinhas no ar, flutuando, preservando-os de se machucarem.

Mais uma tentativa de Lísias que falhou. Deus mostrava sinais claros de sua onipotência e sua assistência naqueles que o amam, acreditam e o seguem com confiança.

PEDRADAS E FLECHADAS

Inconformado com o fracasso de seus intentos, Lísias começou a planejar uma nova ação. Sua intenção era zombar da fé dos dois irmãos em Jesus Cristo. Então dessa vez nada iria falhar. Disse a um de seus colegas de tortura: "Desta vez, em vez de pregá-los na cruz, farei diferente. Serão amarrados e nosso povo é que vai realizar o intento. Morrerão apedrejados, como fazemos com quem é desobediente e insiste em não adorar os nossos deuses..."

Cosme e Damião, em vez de serem pregados, ficaram amarrados à cruz, e o povo pôde divertir-se, jogando pedras contra os dois. Mas as pedras revidavam contra quem as atirava. Eram jogadas, mas nem de leve tocavam os corpos dos gêmeos, ricocheteavam e voltavam contra quem as atirou. O próprio Lísias, por prazer, jogou uma pedra com tanta força e raiva que ela foi e voltou com tanta força, acertando a cabeça dele e derrubando-o no chão.

Esses fatos miraculosos aguçavam a ainda mais a raiva do procônsul que já não tinha mais talento para inventar novas formas de torturas. Então chamou um grupo de arqueiros, os atiradores de flechas mais eficientes que tinha em seu exército; ordenou que todos ficassem em prontidão. Quando deu o sinal, todos dispararam suas flechas, mas outro fato aconteceu, as flechas nem tocaram os corpos de Cosme e Damião e voltaram com tamanha força que mataram todos os flecheiros que as haviam atirado. A guerra de Lísias contra os servos de Deus só dava errado e aumentava ainda mais a raiva e o ódio pelos dois irmãos e pelo seu Deus Poderoso. Para o povo era uma vitória, por verem a glória e o poder de Jesus Cristo sendo mostrada a todos ali presentes como testemunhas oculares.

Então Lísias, partiu para sua última jogada, a de decapitar Cosme e Damião e também seus três irmãos Antino, Leôncio e Euprépio. Presos na mesma cela, receberam a notícia da decisão do procônsul. Mas não entraram em desespero, pelo contrário, começaram a rezar com fé e confiança, entregando-se nos braços de Deus. Sabiam que havia chegado a hora de testemunharem sua fé e entrar no Reino dos Céus, conforme as promessas de Jesus Cristo.

A DECAPITAÇÃO

Diante de todas as tentativas frustradas, a decisão de Lísias foi a de decapitar os cinco irmãos de uma só vez e assim por fim naquela história.

Estamos, de fato, muito distantes das perseguições dos imperadores romanos, Diocleciano, Maximiniano, Décio e Nero, que matavam os cristãos por prazer, achando que com isso estavam agradando a seus "deuses pagãos". Mas a conotação dessa barbárie vai além de uma ideologia religiosa. Dominadores, os romanos criaram o maior império do mundo, impondo a todos seu idioma, o latim, juntamente com sua religião pagã.

Quem se negasse a adorar os "deuses pagãos" era morto. E foi nessa época que muitos cristãos resistiram para não cometerem tamanha idolatria. Preferiram a morte a trair sua fé em Jesus Cristo. Isso aconteceu com São Sebastião, São Jorge, Santa Inês, Santo Adauto, São

Felix, Santa Cecília e uma imensidão de santos mártires, que sofreram todo tipo de tortura, antes de serem mortos, porém foi nesses momentos que Deus operou muitos milagres diante dos pagãos por meio de seus santos mártires. Importante salientar a memória de duas santas da cidade de Alexandria, martirizadas pela fé; uma foi a princesa e filósofa Catarina, conhecida como Santa Catarina de Alexandria, e a outra foi a jovem Apolônia, filha de um rico magistrado, que para convencê-la a renegar sua fé, arrancou-lhe todos os dentes com uma pedra afiada. Mesmo assim resistiu por amor a Jesus Cristo. Hoje, a Igreja a venera como Santa Apolônia, protetora dos dentistas. Santa Catarina de Alexandria foi decapitada.

Vemos que Cosme Damião e seus irmãos não foram os únicos a sofrerem perseguições, torturas e o martírio. Mas assim como os demais, eles se mantiveram firmes e defenderam com coragem e firmeza sua fé.

Cientes de que havia chegado a hora da loucura de Lísias ter atingido o máximo da alopração, os cinco irmãos receberam na prisão a visita de dois Anjos enviados por Deus para consolá-los com palavras de conforto: "Não tenham medo! O Senhor vos aguarda com imensa alegria em seu Reino onde terão um abrigo eterno. Não tenham medo desse momento, a morte será apenas a porta para o Paraíso, onde viverão na casa do Divino Pai Eterno por toda a eternidade". "Assim seja!", responderam juntos os cinco irmãos.

Deus os confortou de certa forma, pois foi isto o que aconteceu. "Estou a ouvir uma música suave vinda do céu", falou Cosme. "São os Anjos que vieram para nos amparar!, comentou Damião. "Vem um perfume suave como algo santo!", balbuciou Antino. "Vejo uma claridade azul, como se o céu se abrisse para nós!, proferiu Leôncio. "Bendito seja o santo nome de Nosso Senhor Jesus Cristo!", bradou Euprépio.

Confortados por Deus, os cinco irmãos foram conduzidos para o local do suplício, onde foram decapitados. Mas antes os pagãos ouviram da boca dos cinco mártires as seguintes palavras ditas por cada um: "Senhor, recebei as nossas almas! Glória eterna aos Senhor Deus das Alturas! Que Deus Pai nos receba em seus braços! Amém!"

Os cinco irmãos viram um clarão e no meio a pessoa de Jesus que lhes disse: "Nunca me esqueci de quem tem fé em mim. Vinde, meus filhos! Vinde para o Reino de Deus".

Lísias ordenou e todos foram decapitados.

AS TREVAS COBREM A CIDADE

No momento em que as cinco cabeças foram decepadas, tremenda escuridão sobreveio sobre a cidade, a terra tremeu e uma chuva de sangue caiu. Todos gritaram apavorados: "Está chovendo sangue!"

Sobreveio um pavor sobre todos. Um medo estarrecedor. Todos procuravam fugir temendo que ainda viessem coisas piores. Os cristãos, que se mantinham ocultos, durante o martírio dos cinco irmãos, reuniram-se rapidamente: "Aproveitemos agir enquanto esta escuridão está cobrindo toda a cidade. Recolhamos os corpos dos cinco mártires para sepultarmos no campo, fora da cidade, onde possam ter um lugar digno de seus corpos descansarem". E assim fizeram. Com a maior pressa, recolheram os corpos e os transladaram para fora da cidade, bem longe da visão dos hereges. Em silêncio total, para não despertar a atenção de ninguém, seguiram até o local que estava determinado.

O CAMELO FALANTE

Chegados ao campo santo prepararam as sepulturas, porém na hora um dos presentes lembrou-lhes de algo: "Gente! Lembrai-vos de um pedido de Damião, ainda em vida". "Isso mesmo! Para não ser sepultado ao lado de Cosme", comentou alguém.

Nesse instante, aconteceu um fato inédito, porém miraculoso. Um camelo que se encontrava ali, junto aos presentes, falou: "Os cinco irmãos devem ser sepultados juntos. Damião aceitou o óbolo da mulher apenas por caridade, e também para não deixá-la constrangida".

Foi um susto enorme, mas foi real, e todos testemunharam aquele fato do camelo falar aquelas palavras com voz humana. Se, no Antigo Testamento, conforme nos fala o livro dos Números 22,30, Deus usou uma jumenta para falar com o profeta Balaão, o mesmo Ele fez para mostrar algo que ajudasse ninguém pôr em dúvida o desejo de Deus. O camelo falou e ninguém mais contestou nada.

Os cinco irmãos foram sepultados juntos, um ao lado do outro.

GLÓRIA

Tão logo esses acontecimentos ocorreram, começaram a ser espalhados por todos os cantos relatos das graças e dos milagres operados por Cosme e Damião. Não era mais possível ofuscar a memória dos dois mártires e, quando descobriram onde eram suas sepulturas, o lugar tornou-se local de peregrinação. Alguém poderá dizer que havia ainda mais três irmãos que morreram também pela fé; nesse caso, seriam cinco santos, em vez dos dois gêmeos. Certamente, Antino, Leôncio e Euprépio também são santos. Afinal também derramaram o sangue pela fé. Entretanto, o fato de Cosme e Damião terem sido médicos e terem exercido a medicina entre o povo de forma gratuita fez com que os irmãos tivessem toda essa popularidade, que até hoje permanece e só aumenta.

O mundo todo conhece e venera São Cosme e São Damião, os dois irmãos gêmeos que foram médicos.

Atendiam todos, sem cobrar nada, e ainda eram anunciadores da Palavra de Deus. Estão eles inscritos no catálogo dos santos da Igreja católica. Foram inseridos na "Ladainha de Todos os Santos" e lembrados na liturgia, com os demais santos e mártires da Igreja. Inclusive, estão inclusos na "Liturgia das Horas", livro de ofício devocional dos religiosos professos.

O PAPA ERGUE UMA BASÍLICA

Dentro do hagiológico da Igreja católica, São Cosme e São Damião possuem um lugar de destaque. Nessa lista, que se ocupa da descrição, do estudo e dos tratados sobre a vida dos santos, os dois santos gêmeos e médicos possuem uma legião incalculável de devotos.

A popularidade dos dois santos chamou a atenção até do papa São Felix IV, que entre os anos 526 e 530, atendendo a um clamor dos cristãos de homenagear com honras os dois mártires, decidiu construir uma basílica em honra de São Cosme e São Damião, ao mesmo tempo, transladar suas relíquias da cidade de Egeia, na Síria, para Roma. Mas, em respeito ao local onde estavam sepultados, ordenou que fosse feita uma igreja que lembrasse o local onde foram sepultados, concedendo a ela um título cardinalício. A basílica construída em honra dos dois santos foi nas adjacências do Foro Romano, onde os devotos podem contemplar um lindo mosaico na abside da basílica. A festa de São Cosme e São Damião foi fixada no dia 27 de setembro, que lembra a inauguração da basílica a eles dedicada. Liturgicamente, passou a ser essa a data de celebrar o dia dos dois irmãos.

Além dos relatos da assistência e curas operadas pelos dois santos médicos, também na história de ambos consta que não só atendiam os seres humanos, como também socorriam os animais doentes ou machucados, que recebiam deles o mesmo carinho e a mesma atenção dispensados aos seres humanos.

OS MILAGRES DE SÃO COSME E SÃO DAMIÃO

Se a vida dos dois santos médicos foi dedicada a cuidar da saúde das pessoas, com curas e intervenções cirúrgicas, depois do martírio, aumentou ainda mais a fama dos gêmeos, quando eram invocados com fé. Deus manifesta sua glória em seus santos e, por meio da intercessão deles, derrama chuvas de graças e bênçãos sobre as pessoas.

Todos os relatos que temos a seguir sobre os milagres de São Cosme e São Damião também devemos ao já mencionado Frei Jacobus de Voragine, religioso da Ordem dos Pregadores (Dominicanos), depois arcebispo de Gênova. Ele nos legou os relatos que a partir de agora são feitos.

O CAMPONÊS E A SERPENTE

Entre esses relatos está o de um certo camponês que tendo trabalhado o dia todo na colheita de sua lavoura, extenuado, resolveu tirar um cochilo em um gramado, próximo de seu local de trabalho. Enquanto dormia, uma pequenina semente entrou em sua boca e desceu goela abaixo. Quando acordou, pegou seu embornal e as ferramentas e foi embora para casa. Sua esposa estranhou, pois, chegou um pouco tarde, mas ele se justificou, dizendo que devido à tamanha canseira havia tirado um tempo de sono. Fez suas refeições e foi dormir. Na madrugada, acordou em desespero, gritando, com fortes dores no estômago. Sua esposa, desesperada, sem uma forma de resolver aquele problema, saiu rapidamente e foi até a capela; colocando-se de joelhos, começou a rezar para São Cosme e São Damião: "Gloriosos São Cosme e São Damião, salvai meu marido!" No mesmo instante, teve a visão, em que viu os dois santos se aproximarem do marido dela e a serpente ser expelida pela boca dele. A visão sumiu, e ela correu para casa. O marido, em pé, relatou o fato, dizendo ter visto São Cosme e São Damião tocarem nele e a pequena serpente saltar para fora de sua boca.

Louvaram a Deus pela infinita misericórdia de enviar os dois santos para socorrer o pobre camponês, naquele momento de aflição.

A TENTAÇÃO DO INIMIGO

Certo homem, precisando viajar para longe, a negócios, comunicou a sua esposa a necessidade dessa empreitada. Ela entendeu, mas como ambos eram sós e sem filhos, ela pediu para que ele a levasse consigo. Ele então lhe disse que não podia levá-la, naquele primeiro momento, mas quando estivesse bem instalado no local, para onde estava indo, mandaria um mensageiro buscá-la. Dizendo isso, combinou com ela um sinal feito com os dedos, dizendo-lhe que o mensageiro que enviaria faria o mesmo sinal, para ela ter a certeza de que poderia confiar e viajar com ele, que a levaria sã e segura. Despedindo-se do esposo, abençoou sua viagem, dizendo: "Rogarei a São Cosme e São Damião que me protejam contra todos os perigos".

O que não contavam é que o Demônio havia observado aquela despedida e planejado uma forma de ganhar a alma daquela mulher religiosa. Então, tomando a forma humana e a vestimenta de um peregrino, bateu na porta da casa da mulher. Quando ela lhe atendeu, ele fez o sinal com os dedos, o mesmo combinado com seu esposo. "Está vendo este sinal?", disse o Demônio. "Está vindo a mando de meu esposo?", disse a mulher. "Sim! Seu esposo ordenou que me acompanhe, subindo agora na garupa de meu cavalo". "Estranho, pois não faz ainda nem uma hora que ele partiu", disse a esposa. "Mas esta é a ordem dele e eu não irei desobedecer", respondeu o Demônio.

A mulher na verdade ficou escrupulosa quanto às conversas do viandante e, mesmo desconfiada, falou-lhe: "Conheço esse sinal. É o mesmo que ele combinou comigo". "Não vamos ficar perdendo tempo. Suba em minha garupa e viajemos agora", disse o Demônio.

Tão logo subiu na garupa do estranho, ele começou a correr de forma desordenada, em uma velocidade nunca vista. Saiu fora da estrada e tomou a direção de um enorme campo. Percebendo algo errado, ela gritou: "Pare agora! Vou descer e voltar para minha casa". O Demônio soltou uma enorme gargalhada.

"Sinto um forte cheiro de enxofre!", disse a mulher. "Olhe bem para minha cara e veja quem eu sou", falou o Maligno rindo. "És o Demônio! O Capiroto! Satanás! Com chifres na cabeça".

"Sou eu mesmo! Enganei você com a maior facilidade." "De jeito nenhum!" E a mulher gritou: "Valei-me, São Cosme e São Damião!" No mesmo instante, apareceram os dois santos mártires e junto a eles alguns Anjos de Deus, empunhando espadas nas mãos. Os santos gritaram com o Maligno: "Vai-te, miserável! Espírito das trevas e nunca mais volte a seduzir os que são de Deus". O Demônio, enfurecido, saiu gritando: "Sempre aparecem para me atrapalhar. Perdi mais uma alma".

Sob a proteção de São Cosme e São Damião e dos Santos Anjos de Deus, a mulher foi reconduzida a sua casa com a maior segurança. Sua fé tornou-se ainda maior em São Cosme e São Damião, e ela durante toda a sua vida fez questão de contar esse relato milagroso, do qual ela foi protagonista.

CURADO PELA FÉ

E o projeto do papa São Felix concretizou-se por meio da linda igreja que mandou construir em honra de São Cosme e São Damião, em Roma. No nicho central, mandou colocar as imagens dos dois santos gêmeos, confeccionadas por um exímio escultor.

Nessa igreja, havia um guardião que sofria com uma doença, um câncer maligno lhe corroía a perna esquerda. Caminhava mancando e sempre com a ajuda de uma bengala.

Cansado de sofrer, certo dia, chegou frente ao nicho das imagens de São Cosme e São Damião e começou a fazer uma súplica: "Meus santos padroeiros, que em vida foram médicos e tantas curas operaram, aliviem minhas dores, que tanto mal fazem a minha vida. Vinde em meu auxílio!"

A oração foi ouvida e não ficou sem resposta. Certa noite, enquanto dormia, caiu em um sono profundo e teve um sonho. Viu a imagem dos dois santos se animarem e tomarem vida, falando entre si: "Estou comovido com o sofrimento do zelador", falou São Cosme. "Piedoso, orante e sempre dedicado. Vamos descer daqui e ajudá-lo", disse São Damião.

Os dois irmãos começaram a examiná-lo. "Realmente sua perna está com uma ferida muito feia", comentou São Cosme. "No estado em que se encontra, nenhum médico da terra irá curá-lo", afirmou São Damião.

Pensaram um pouco e disseram: "Temos de amputar sua perna e colocar uma sadia no lugar da que está doente". "Tive uma ideia! Sepultaram hoje no cemitério de São Pedro um pagão com as pernas sadias. Busquemos uma das pernas para o Guardião. Usemos este unguento milagroso para a operação. Você leva a perna doente e traz a perna sadia", ordenou São Cosme.

São Damião realizou o feito, trouxe a perna sadia e deixou lá a perna doente. Por uma graça de Deus, a cirurgia ficou tão perfeita que nem ficou cicatriz.

No dia seguinte, quando acordou, o guardião ficou maravilhado, pois sua perna estava completamente curada.

Rendendo agradecimentos a São Cosme e São Damião, ele começou a propagar sua cura, contando o fato para todo mundo. Mas houve quem duvidasse e quisesse pôr isso a limpo. Reuniram um grupo de pessoas e foram ao cemitério. Para a surpresa de todos, o morto estava realmente com a perna doente, que fora colocada no Guardião. Não havia dúvidas, aquele era mais um milagre de São Cosme e São Damião.

Dessa forma, a fama dos dois santos gêmeos e mártires correu o mundo inteiro, chegando até os dias de hoje.

DEVOÇÃO DE SÃO COSME E DAMIÃO NO BRASIL

Na região do estado de Pernambuco, por meio de uma carta régia, datada de 10 de março de 1534, o rei de Portugal doou a Duarte Coelho e a sua esposa, dona Brites, essa capitania em reconhecimento a seus trabalhos prestados na colonização da Índia. Acompanhado de vários colonos portugueses, chegaram ao local em 1535. Essas terras compreendiam 50 léguas de uma faixa de terra, que da costa entrava terra adentro, desde o rio São Francisco ao Iguaraçu.

Em pouco tempo, Duarte Coelho fundou a cidade de Olinda, que ficou sendo a sede da capitania e recebeu o nome de Pernambuco. Logo tudo prosperou, e os portugueses conseguiram fazer amizade com os indígenas da etnia Tabajara. No entanto, aprofundando-se no território e invadindo as terras de outro povo indígena da etnia Caeté, houve resistência. Invadir o território dos indígenas sempre foi algo antiético, como se eles, vivendo há séculos naquele local, não fossem donos de nada. Defender o que lhes pertence foi um ato de resistência dos Caetés.

Nada que um bom diálogo não resolvesse, os portugueses conseguiram ser amigos dos indígenas. De inimigos passaram a ser amigos.

Começaram então os trabalhos nas fazendas, nas olarias na produção de tijolos e telhas. Cultivo de cana, algodão e a produção de todos os tipos de mantimentos. Iniciou-se também a criação de gado e logo havia grandes rebanhos. Até belas casas foram construídas no estilo das de Portugal. Já havia festas, danças e certo glamour nesses eventos.

A algumas léguas de Olinda, surgia um outro povoado, o de Iguaraçu, também com belas construções de casas bem planejadas. Mas a paz não durou muito. Por motivos que os bastidores da história não registraram, tudo indica que se reiniciaram as invasões às terras indígenas, e novamente houve forte reação dos Caetés. Duarte Coelho, à frente da batalha, mostrava-se incansável. E, em uma noite, enquanto guerreavam todos os presentes, viram no céu, entre as nuvens, as figuras de São Cosme e São Damião, que apareciam justamente no dia de sua festa litúrgica. Maravilhados, todos olhavam para o céu, gritando: "É São Cosme e São Damião!" E não foi uma única pessoa que viu. Todos os presentes viram as imagens dos dois irmãos. Parecia que todos entenderam que os dois santos repudiavam aquela contenda e pediam paz e unidade entre todos. E foi uma vitória para todos, já no final da tarde. Para perpetuar esse fato miraculoso, construíram uma igreja em honra de São Cosme e São Damião, a mesma existente até os dias de hoje, sendo a matriz de Iguaraçu.

A EXPULSÃO DOS HOLANDESES

A intervenção dos dois santos não ficou marcada só no caso de Iguaraçu, houve um outro fato deveras interessante.

No ano de 1625, os holandeses calvinistas protestantes tinham como objetivo invadir o Brasil e tomarem posse das terras do norte. O rei de Portugal chegou a mandar uma esquadra, comandada por Matias Albuquerque, para expulsar os invasores, mas como isso demorou muito, os holandeses aproveitaram para agir.

Diante do que estava por vir, o bispo Dom Marcos Teixeira recomendou que enquanto os homens lutassem, suas esposas deveriam ficar rezando. E tinha de ser pela fé, porque o grupo de resistência dos portugueses era muito pequeno diante dos exércitos dos protestantes holandeses. No dia 14 de fevereiro, daquele ano, eles apareceram. Eram setenta embarcações, mil cento e sessenta canhões e sete mil homens.

Chegaram fazendo arruaça. Ímpios e hereges não tiveram o escrúpulo de invadir as igrejas e roubar tudo o que nelas acharam. André Pereira morreu assassinado pelos hereges, enquanto defendia a igreja da Misericórdia. Enquanto o exército de Portugal não chegava, o pequeno grupo de defensores ia perecendo. Domingos Fernandes Calabar, mais conhecido pela alcunha de "Calabar", filho de portugueses, porém nascido no Brasil, era um contrabandista e dono de plantações. Em uma primeira luta esteve do lado de Portugal lutando contra a Holanda. Corrupto que era, por interesses pessoais, mudou de lado e traiu o Brasil, porém essa traição facilitou a invasão dos holandeses. Foram do forte de Rio Formoso, em maio de 1632, até a Vila de Iguaraçu. Houve confronto e, quando os holandeses se preparavam para invadir a igreja de São Cosme e São Damião, para saquear, as pessoas se uniram em oração, pedindo a proteção dos dois santos. De imediato, começou a surgirem trovões e relâmpagos, do céu começou a vir uma chuva de fogo sobre eles, que, apavorados e gritando, se puseram a correr. Fugiram todos, e nunca mais voltaram. A oração é fogo e tem força e poder. Uma pessoa rezando sozinha é uma chama acesa. Várias pessoas rezando juntas forma-se uma enorme fogueira. E foi essa fogueira, em forma de clamor, que chegou ao céu, e Deus mandou de forma urgente o socorro de seu povo, por meio da intercessão de seus dois servos invocados naquela hora.

Esse milagre de São Cosme e São Damião entrou para a história e expandiu ainda mais a devoção aos dois santos gêmeos. No Rio de Janeiro, no bairro do Andaraí, há uma igreja dedicada a São Cosme e São Damião. Porém, quem for a Iguaraçu, terá a honra de visitar a mesma igreja, testemunha desse fato milagroso, e rezar diante das mesmas imagens dos dois santos médicos, que são venerados na matriz da cidade.

SÃO COSME E SÃO DAMIÃO E AS CRIANÇAS

Em muitos lugares, como no estado do Maranhão, costuma-se fazer uma dança com toque de tambor para agradecer a São Benedito uma graça alcançada. Também em Portugal e no Brasil, agradece-se a São Gonçalo de Amarante, dançando para ele a famosa "Dança de São Gonçalo".

Como se sabe, São Cosme e São Damião, na qualidade de médicos, atendiam o povo de forma gratuita. Esse socorro, como já foi mencionado, era feito a todos, mas de um jeito especial às crianças. De forma geral, eram socorridas até quando não estavam doentes, mas pela necessidade de se alimentarem. Eles faziam esse trabalho diário com os pequenos, um tipo de "Pastoral da Criança". Até os animais doentes tinham a atenção dos dois santos, que davam todo o suporte de medicação e cura aos animaizinhos e alimentos.

No Brasil, para homenagear ou agradecer a São Cosme e São Damião uma graça alcançada, é costume fazer uma festa para as crianças. Pode ser algo pessoal ou, até mesmo, uma ajuda a uma instituição de caridade. Ajudar as crianças é uma forma muito positiva de agradecer aos dois santos. Nessas atitudes estão os fundamentos das festas a São Cosme e São Damião.

II
Devocionário

LADAINHA DE SÃO COSME E SÃO DAMIÃO

Senhor, tende piedade de nós!

– Senhor, tende piedade de nós!

Cristo, tende piedade de nós!

– Cristo, tende piedade de nós!

Senhor, tende piedade de nós!

– Senhor, tende piedade de nós!

Pai Celeste, que sois Deus,

– Tende piedade de nós!

Filho, Redentor do Mundo, que sois Deus,

– Tende piedade de nós!

Espírito Santo, que sois Deus,

– Tende piedade de nós!

Santíssima Trindade, que sois um só Deus,

– Tende piedade de nós!

Santa Maria, Mãe de Deus,

– Rogai por nós!

Santos Cosme e Damião,

Santos gêmeos na fé e no amor,

Irmãos Mártires de Deus,

Irmãos Médicos Caridosos,

Servos do Altíssimo,

Pregadores da Palavra,

Servidores da caridade,

São Cosme e São Damião, perseguidos por amor a Cristo,

São Cosme e São Damião, torturados pela fé cristã,

São Cosme e São Damião, salvos do afogamento por um anjo,

São Cosme e São Damião, protegidos das flechas no martírio,

São Cosme e São Damião, decapitados em nome do Senhor,

São Cosme e São Damião, juntos na vida e na morte,

São Cosme e São Damião, poderosos em milagres,

São Cosme e São Damião, gloriosos no dom da Cura,

Protetores das mulheres que desejam engravidar,

Protetores das crianças,

Protetores dos gêmeos,

Padroeiros dos farmacêuticos,

Padroeiros dos Médicos,

Padroeiros dos Cirurgiões,

São Cosme e São Damião, a cuja intercessão recorremos,

Rogai por nós, Santos Mártires de Deus,

– Para que sejamos dignos das promessas de Cristo.

OREMOS: Ó Deus, ouvi as preces que vos dirigimos, pela intercessão de São Cosme e São Damião, para que, socorridos por vossa bondade e recordando a memória de vossos santos, vos glorifiquemos em Cristo, que vive e reina para sempre na unidade do Espírito Santo. Amém.

NOVENA A SÃO COSME E SÃO DAMIÃO

1º dia: Os Gêmeos

Eram cinco irmãos, porém quis Deus escolher os dois caçulas para realizarem um grande trabalho na cidade em que nasceram e viveram. Deu a eles o talento e a missão de serem médicos e o dom de curar as pessoas e, até mesmo, os animais. O que de graça receberam de Deus de graça ofereciam, exercendo a medicina em favor do povo pobre e desvalido. Que São Cosme e São Damião venham em socorro do povo, inspirando os profissionais de saúde a serem generosos no atendimento ao povo pobre, isento de possibilidades financeiras.

Rogai por nós, São Cosme e São Damião, para que sejamos dignos das promessas de Cristo.

(Pai-Nosso e 10 Ave-Marias e 1 Glória.)

Oremos: Ó Deus, ouvi as preces que vos dirigimos pela intercessão de São Cosme e São Damião, para que, socorridos por vossa bondade e recordando a memória de vossos santos, glorifiquemos o Cristo que vive e reina para sempre, no amor do Pai e do Espírito Santo. Amém.

2º dia: Família

A família é uma pequena comunidade, é a Igreja doméstica, e como seus membros devemos procurar viver a fé, a perseverança, o amor e a caridade, unidos em oração. É assim que crescemos juntos na santidade. A família é a primeira escola da fé, onde recebemos as primeiras lições de catequese. É essa base que será o alicerce de nossa vida futura de adultos. A família que reza unida permanece unida, nada poderá destruí-la. Porque a oração é uma força extraordinária que tudo pode. Que o exemplo da vida familiar de São Cosme e São Damião nos incentive e impulsione para um caminho de fé e santidade.

Rogai por nós, São Cosme e São Damião, para que sejamos dignos das promessas de Cristo.

(Pai-Nosso e 10 Ave-Marias e 1 Glória.)

Oremos: Ó Deus, ouvi as preces, que vos dirigimos pela intercessão de São Cosme e São Damião, para que, socorridos por vossa bondade e recordando a memória de vossos santos, glorifiquemos o Cristo que vive e reina para sempre, no amor do Pai e do Espírito Santo. Amém.

3º dia: Vida cristã

Como cristãos batizados, devemos ter uma vida constante de comunhão com Deus. Isso podemos fazer por meio das virtudes de sermos bons, humanos, generosos, na prática da caridade. Quem tem um coração misericordioso é rico das graças de Deus. A caridade é um tesouro precioso, que faz bem ao próximo e a si próprio. Entre todas as formas de se viver uma perfeita vida cristã está a oração. É ela nosso elo de comunicação com Deus. Quando nos colocamos em silêncio para orar, estamos em plena sintonia com Deus. Devemos aprender com São Cosme e São Damião a orar, pois eles foram dois cristãos orantes e na oração encontravam força para exercer a vida profissional e religiosa.

Rogai por nós, São Cosme e São Damião, para que sejamos dignos das promessas de Cristo.

(Pai-Nosso e 10 Ave-Marias e 1 Glória.)

Oremos: Ó Deus, ouvi as preces que vos dirigimos pela intercessão de São Cosme e São Damião, para que, socorridos por vossa bondade e recordando a memória de vossos santos, glorifiquemos o Cristo que vive e reina para sempre no amor do Pai e do Espírito Santo. Amém.

4º dia: Medicina

A medicina é uma ciência muito importante para todos. Deus, em sua infinita misericórdia, criou os médicos para servirem o povo de maneira visível e notória. Por isso eles se preparam durante anos para conhecer o corpo humano e terem conhecimento para curar as doenças que aparecem. Devemos pedir a São Cosme e São Damião, que também foram médicos, que intercedam pelos médicos do mundo inteiro, para que exerçam essa missão por amor e humanidade.

Rogai por nós, São Cosme e São Damião, para que sejamos dignos das promessas de Cristo.

(Pai-Nosso e 10 Ave-Marias e 1 Glória.)

Oremos: Ó Deus, ouvi as preces que vos dirigimos pela intercessão de São Cosme e São Damião, para que, socorridos por vossa bondade e recordando a memória de vossos santos, glorifiquemos o Cristo que vive e reina para sempre, no amor do Pai e do Espírito Santo. Amém.

5º dia: Amor a Deus e ao próximo

Ajudar as pessoas foi a meta de trabalho dos dois santos médicos. E faziam isso com total dedicação, por amor a Deus e ao próximo, no intuito de livrar as pessoas de suas dores e de seus sofrimentos. Exerciam essa missão com total dedicação, sem jamais verem a condição social das pessoas nem a idade cronológica. Para eles, todos eram seres humanos sofredores e filhos de Deus, que necessitavam da caridade humana. Rezemos a São Cosme e São Damião, para que os profissionais que exercem a medicina sejam generosos, no exercício de sua profissão.

Rogai por nós, São Cosme e São Damião, para que sejamos dignos das promessas de Cristo.

(Pai-Nosso e 10 Ave-Marias e 1 Glória.)

Oremos: Ó Deus, ouvi as preces que vos dirigimos pela intercessão de São Cosme e São Damião, para que, socorridos por vossa bondade e recordando a memória de vossos santos, glorifiquemos o Cristo que vive e reina para sempre no amor do Pai e do Espírito Santo. Amém.

6º dia: Firmes na fé

Para que renunciassem à fé em Jesus Cristo, os dois santos médicos foram torturados várias vezes, mas permaneceram firmes na fé e sem medo de seus algozes. Diante de tantos obstáculos, que surgem no dia a dia, muitas pessoas entram em desespero e perdem a fé. Peçamos a São Cosme e São Damião que nos ajudem a ter fé e confiança em Deus, mesmo quando sobrevierem sobre nós as mais duras provações.

Rogai por nós, São Cosme e São Damião, para que sejamos dignos das promessas de Cristo.

(Pai-Nosso e 10 Ave-Marias e 1 Glória.)

Oremos: Ó Deus, ouvi as preces que vos dirigimos pela intercessão de São Cosme e São Damião, para que, socorridos por vossa bondade e recordando a memória de vossos santos, glorifiquemos o Cristo que vive e reina para sempre, no amor do Pai e do Espírito Santo. Amém.

7º dia: O amor de São Cosme e São Damião

Grande era o amor de São Cosme e São Damião pelos pobres e necessitados, e não era só de conversas vazias. Eles não falavam, mas agiam, faziam tudo o que podiam, e da forma mais discreta possível, para fugirem das glórias e dos elogios humanos. Seguiam o que o Divino Mestre nos ensinou, fazendo tudo da forma mais oculta possível, porque bastava Deus estar vendo e sabendo da boa intenção deles. Que São Cosme e São Damião sejam modelo de caridade e disponibilidade para nós, em favor do próximo.

Rogai por nós, São Cosme e São Damião, para que sejamos dignos das promessas de Cristo.

(Pai-Nosso e 10 Ave-Marias e 1 Glória.)

Oremos: Ó Deus, ouvi as preces que vos dirigimos pela intercessão de São Cosme e São Damião, para que, socorridos por vossa bondade e recordando a memória de vossos santos, glorifiquemos o Cristo que vive e reina para sempre, no amor do Pai e do Espírito Santo. Amém.

8º dia: Protetores das crianças

São Cosme e São Damião são protetores das crianças, a elas sempre deram total atenção, quando eram procurados para curarem suas enfermidades. Tantas crianças abandonadas, doentes, injuriadas, abusadas e marginalizadas, são elas que mais sofrem por serem indefesas e expostas às maldades do mundo. Peçamos a proteção de São Cosme e São Damião para todas as crianças do Brasil e do mundo, para que sejam respeitadas e acolhidas em lares generosos.

Rogai por nós, São Cosme e São Damião, para que sejamos dignos das promessas de Cristo.

(Pai-Nosso e 10 Ave-Marias e 1 Glória.)

Oremos: Ó Deus, ouvi as preces que vos dirigimos pela intercessão de São Cosme e São Damião, para que, socorridos por vossa bondade e recordando a memória de vossos santos, glorifiquemos o Cristo que vive e reina para sempre, no amor do Pai e do Espírito Santo. Amém.

9º dia: Memória

Na celebração da memória dos dois santos médicos, peçamos por todos os que se encontram enfermos e sem recursos, para que tenham acesso ao atendimento médico digno. Que haja uma atenção dos governantes para com o povo desprovido de meios financeiros e tenham acesso à saúde. Peçamos também pelos médicos, que eles sejam respeitados e valorizados e tenham consciência da missão que exercem, como sanadores dos males humanos.

Rogai por nós, São Cosme e São Damião, para que sejamos dignos das promessas de Cristo.

(Pai-Nosso e 10 Ave-Marias e 1 Glória.)

OREMOS: Ó Deus, ouvi as preces que vos dirigimos pela intercessão de São Cosme e São Damião, para que, socorridos por vossa bondade e recordando a memória de vossos santos, glorifiquemos o Cristo que vive e reina para sempre, no amor do Pai e do Espírito Santo. Amém.

ORAÇÕES DIVERSAS

A São Cosme e São Damião

São Cosme e São Damião, que por amor a Deus e ao próximo vos dedicastes à cura do corpo e da alma de vossos semelhantes, abençoai os médicos e farmacêuticos, profissionais de enfermagem e os que praticam a Pastoral da Saúde. Medicai meu corpo na doença e fortalecei minha alma contra a superstição e todas as práticas do mal.

Que vossa inocência e simplicidade acompanhem e protejam todas as nossas crianças. Que a alegria da consciência tranquila, que sempre vos acompanhou, repouse também em meu coração.

Que vossa proteção, São Cosme e São Damião, conserve meu coração simples e sincero, para que sirvam também para mim as palavras de Jesus: "Deixai vir a mim os pequeninos, pois deles é o Reino dos Céus". Amém.

São Cosme e São Damião, rogai por nós.

Pedindo a cura

Nós vos imploramos, ó gloriosos mártires São Cosme e São Damião, permitam que pela invocação de vossos nomes e pela veneração de vossas santas imagens, possamos nos incluir entre a multiplicidade e prodígios das curas instantâneas de enfermidades graves e desesperadas, realizadas por Deus, por meio de vossas intercessões.

Ajudem-nos, ainda, a sermos merecedores de obter o privilégio da cura que pedimos, para nosso corpo e para nossa alma, e que possamos sempre, assistidos por vós, encontrar conforto, alívio, cura e libertação de todos os males.

Para pedir uma graça

Ó Deus, nosso Pai, com fé e confiança, nós vos suplicamos, por meio dos gloriosos São Cosme e São Damião, irmãos e mártires, santos médicos, que, à semelhança de Jesus, tratavam o corpo e o espírito, em um amor íntegro, gratuito e de predileção pelos pobres!

Atendei-nos ... (*apresentar o pedido*).

E vós, gloriosos mártires São Cosme e Damião, intercedei ao Senhor por (*nome da pessoa em necessidade...*).

Ajudai-nos a amar e servir os irmãos, como vós. Desejamos imitar vossa união e vosso testemunho de vida, aceitando a vontade do Pai.

Por Nosso Senhor Jesus Cristo, vosso Filho, que é Deus convosco na unidade do Espírito Santo. Amém.

(Pa-Nosso, Ave-Maria e Glória ao Pai.)

(Fazer durante 9 dias seguidos, com o propósito de viver na graça de Deus. Fazer o possível para participar na Eucaristia diária, nos 9 dias, e sempre, aos domingos.)

Pelas crianças

São Cosme e São Damião, que sempre tivestes especial carinho pelas crianças, cuidando de suas enfermidades e também das necessidades de serem atendidas, com alimentos para saciarem a fome, cuidem de nossas crianças e cuidem também dos jovens de nosso país, para que nunca lhes faltem o amor e a compreensão familiar. Assim seja.

Pelos médicos

Senhor, que suscitastes São Cosme e São Damião como médicos, para curar as enfermidades de vosso povo, pelos méritos de vida e santidade dos dois mártires, nós vos pedimos, ó Senhor, que abençoeis e protegei os médicos do mundo inteiro. Que eles sejam preservados de doenças e que estejam sempre com o coração aberto para atender os enfermos e, principalmente, os que estejam em estado de maior atenção. Que todos os médicos e demais profissionais de saúde, mediante a intercessão de São Cosme e São Damião, sejam por vós abençoados. Amém.

Pelos farmacêuticos

Por todos os profissionais de saúde, enfermeiros e enfermeiras, e também por aqueles que pesquisam novos medicamentos para a cura das enfermidades. Protegei aqueles que realizam pastorais da saúde, manipulando medicamentos fitoterápicos por meio das plantas, cascas e raízes, para atender a população mais vulnerável e desprovida de meios financeiros. Abençoai os farmacêuticos e atendentes do povo. São Cosme e São Damião, estejam todos eles sob vossos cuidados de proteção e intercessão. Amém.

Pelos veterinários

São Cosme e São Damião, cuja sensibilidade era de profundo amor também para com os animais, esses seres, criaturas de Deus, que tantas vezes sofrem e não têm como pedir ajuda para suas dores e seus sofrimentos. Protegei e abençoai todos os médicos veterinários, para que sempre estejam disponíveis para aliviar e curar as dores dessas criaturas de Deus. Amém.

Oração da Liturgia

Ó Deus, a comemoração dos mártires Cosme e Damião proclame vossa grandeza, pois em vossa admirável providência lhes destes a glória eterna e os fizestes nossos protetores. Por nosso Senhor Jesus Cristo, vosso Filho, na unidade do Espírito Santo. Amém.

(*Liturgia das Horas* para o dia 26 de setembro)

Cantiga popular

Todos os anos me lembro
que em vinte sete de setembro,
faço minha devoção.
Pratico minha caridade,
entre os pobres da cidade,
pra honrar Cosme e Damião.

III
Iconografia

Imagens de São Cosme e São Damião

Egéia, terra de São Cosme e São Damião

Paróquia de São Cosme e São Damião, Salvador, Bahia

Paróquia de São Cosme e São Damião, em Igaraçu, Pernambuco

São Cosme e São Damião, Paróquia de Andaraí, Rio de Janeiro

REFERÊNCIAS BIBLIOGRÁFICAS

História de São Cosme e São Damião, Série Sagrada, 1954. Editora EBAL.

Um Santo para cada dia. Mario Sgarbosa; Luigi Giovannini. Paulinas, 1986.

OUTRAS OBRAS DO MESMO AUTOR

Vida de São Domingos de Gusmão (Editora Santuário)
Vida de São Jorge (Editora Santuário)
Vida de São Sebastião (Editora Santuário)
Vida de São Peregrino (Editora Santuário)
Vida de Santa Rosa de Lima (Editora Santuário)

ÍNDICE

Este livro foi composto com as famílias tipográficas Minion Pro e Segoe
e impresso em papel Offset 70g/m² pela **Gráfica Santuário.**